Bu kitabın sahibi:

Ramazan'ı çok seviyorum çünkü

Copyright © 2021

Bu kitabın bütün hakları SD International Inc.'e aittir

Sadeeq

Journals & Notebooks

ISBN: 978-1-7770099-9-1

Bütün hakları saklıdır. Telif hakkı sahiplerinin yazılı izni olmadan bu yayının herhangi bir biçimde basılıp çoğaltılması (fotokopi yoluyla çoğaltılması, bilgisayar ortamda kullanılması, kaset veya CD'ye kaydedilmesi dahil) yasaktır. Kitabın metnini yukarıda anılan herhangi bir biçimde kullanmak isteyenler, telif hakkı sahiplerinin yazılı izni için yayıncıya başvurmalıdır.

Selamün aleyküm,

Bu aktivite kitabının amacı Ramazan ayı boyunca sizleri olabildiğince eğlendirmektir. Rengarenk boyamanız için bu kitabı siyah beyaz olarak düzenledik. Boya kalemleri kullanmanızı tavsiye ederiz. Keçeli kalem kullanıyorsanız, renklerin diğer sayfalara geçmesini önlemek için sayfanın altına altlık koyun. Daha dayanaklı olmaları için bazı etkinlikleri kalın kâğıda kopyalayabilirsiniz.

İyi eğlenceler ve mübarek bir Ramazan diliyoruz!

Sadeeq

Journals & Notebooks

Ramazan Takvimim

Bir sonraki sayfada bir Ramazan takvimi bulabilirsin. İstersen onu bu kitaptan kesip duvara asabilirsin. Bu şekilde takvim her zaman gözünün önünde olur ve Ramazanın her gününde bir yıldızı renklendirebilirsin.

Mesela Ramazan ayının ilk gününde 1 numaralı yıldızı, ikinci gününde 2 numaralı yıldızı renklendir.

Bu takvim ile kaç gün daha oruç tutman gerektiğini her zaman takip edebilir ve bayram kutlamasına daha kaç gün kaldığını görebilirsin.

Küp Takvim

Sonraki sayfalarda kesip birbirine yapıştırmak için iki küp ve bir geri sayım tabanı bulacaksın. Küpleri ve tabanı istediğin gibi renklendirebilirsin. Küpleri dış kenarlardan kes ve kanat yapmak için iç çizgilerden içe doğru katla. Kanatları, tüm taraflar bir araya geldiğinde bir küp oluşacak şekilde yapıştır. Bunu ikinci küp ve taban için tekrarla.

Geri sayım amaçlı bu takvimi kullanmaya Ramazan'dan 30 gün önce ve bayramdan 30 gün önce başlayabilirsin.

Geriye kalan gün sayısı ile eş olsun diye küpleri her gün çevir. Her şeyi doğru yaptıysan, küp takvimin bu şekilde görünmelidir:

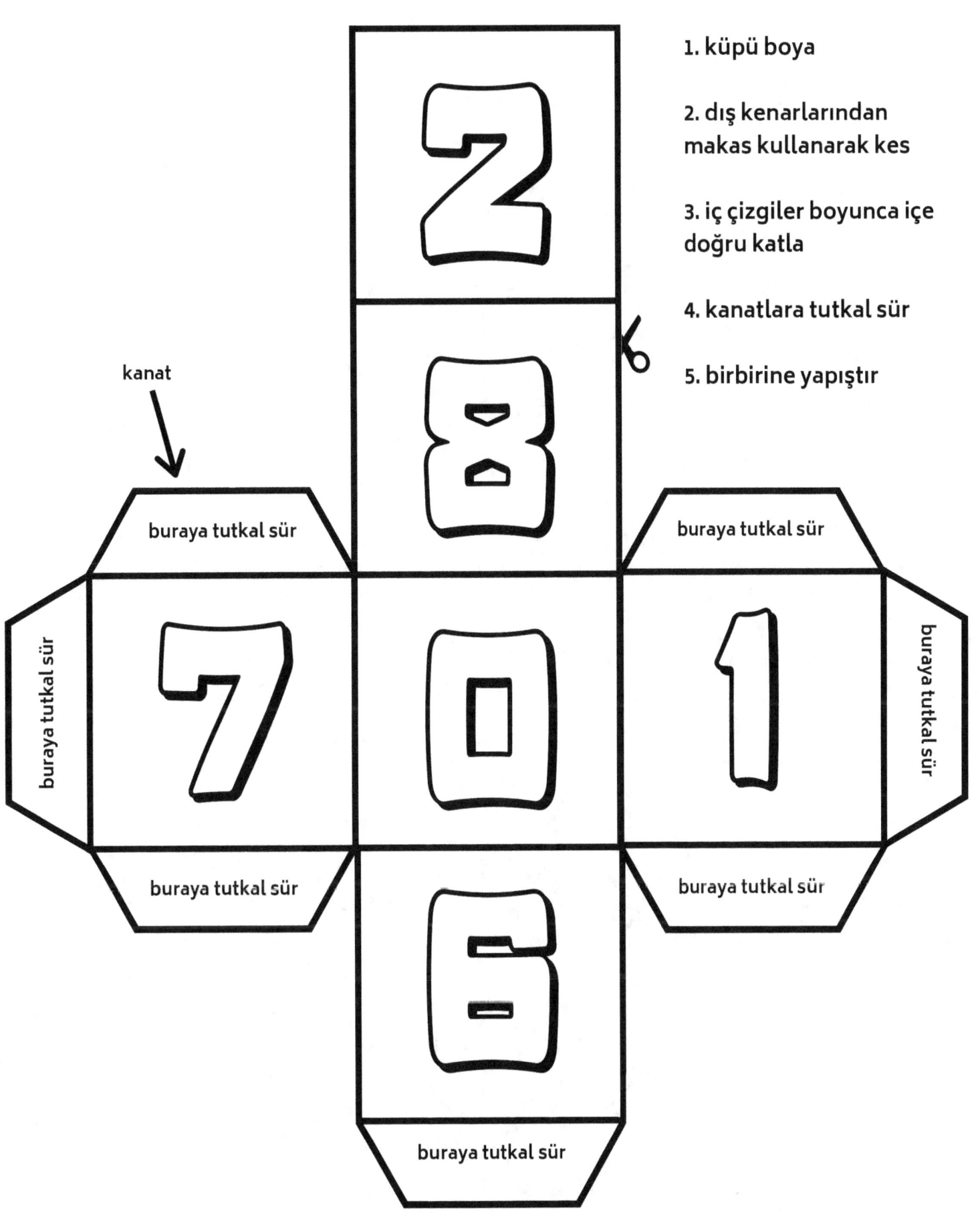

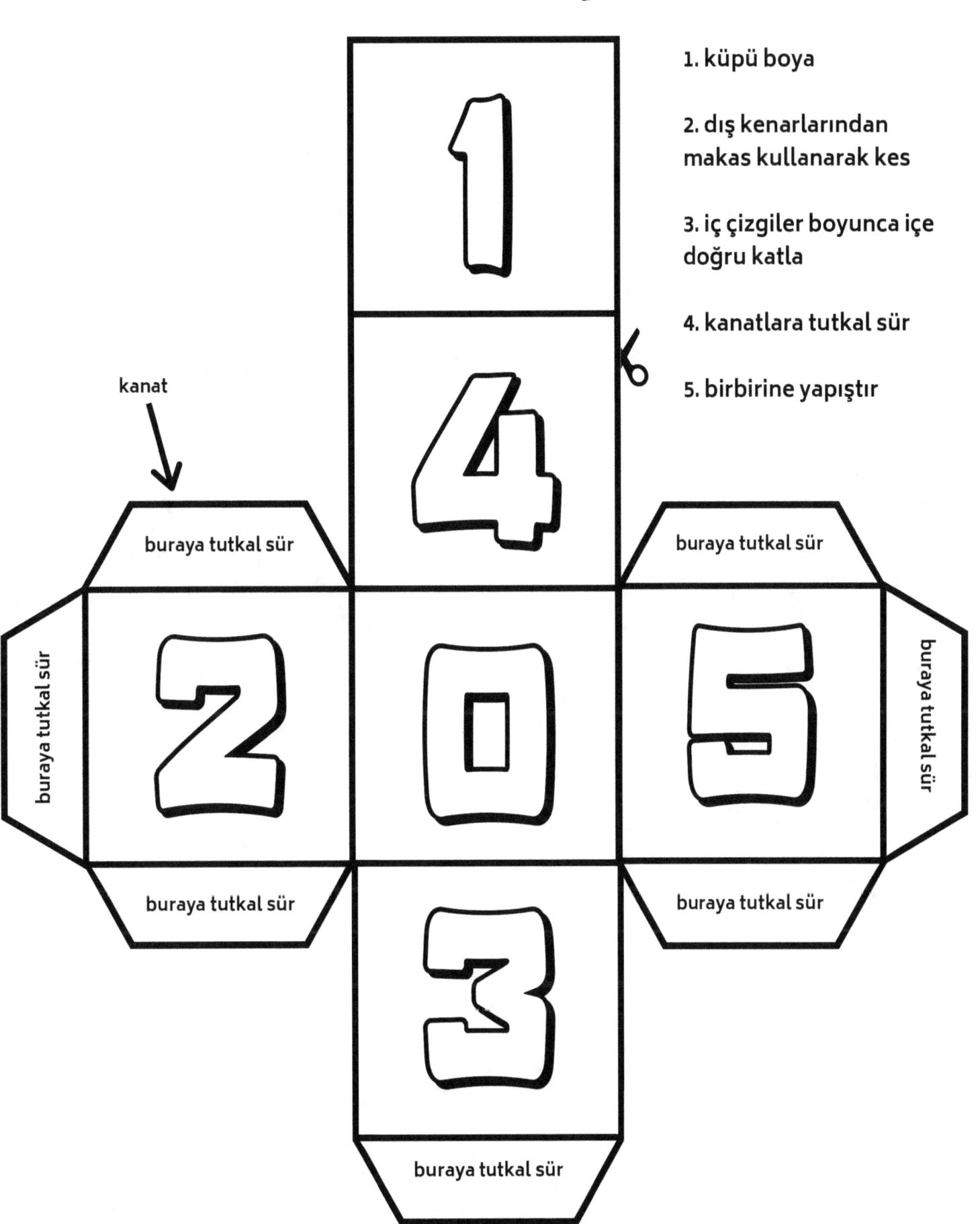

Küpler için geri sayım tabanı

1. tabanı boya

2. dış kenarlarından makas kullanarak kes

3. iç çizgiler boyunca içe doğru katla

4. kanatlara tutkal sür

5. birbirine yapıştır

kanat

buraya tutkal sür

buraya tutkal sür

buraya tutkal sür

buraya tutkal sür

buraya tutkal sür

buraya tutkal sür

gün sonra Ramazan

gün sonra Bayram

buraya tutkal sür

Sofra servisim

Sonraki sayfada bir sofra servisi bulabilirsin. Bu servisi istediğin renklerde boya, makas ile işaretlenmiş çizgiden kes ve yemek yerken tabağın altına koy.

Bu sofra servisi sana her zaman yemeye başlamadan önce

Bismillah

ve yemeğini bitirdiğinde

Elhamdülillah

demeni hatırlatacak.

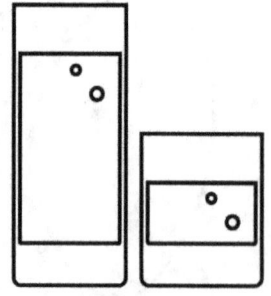
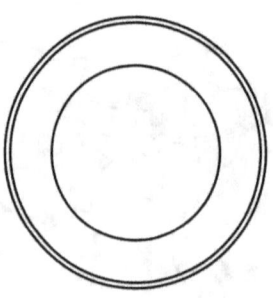

Yemeğe başlarken **Bismillah**

İslam'ın beş şartı vardır. Bunlardan biri oruç tutmaktır. Bu resmi istediğin renklerde boya.

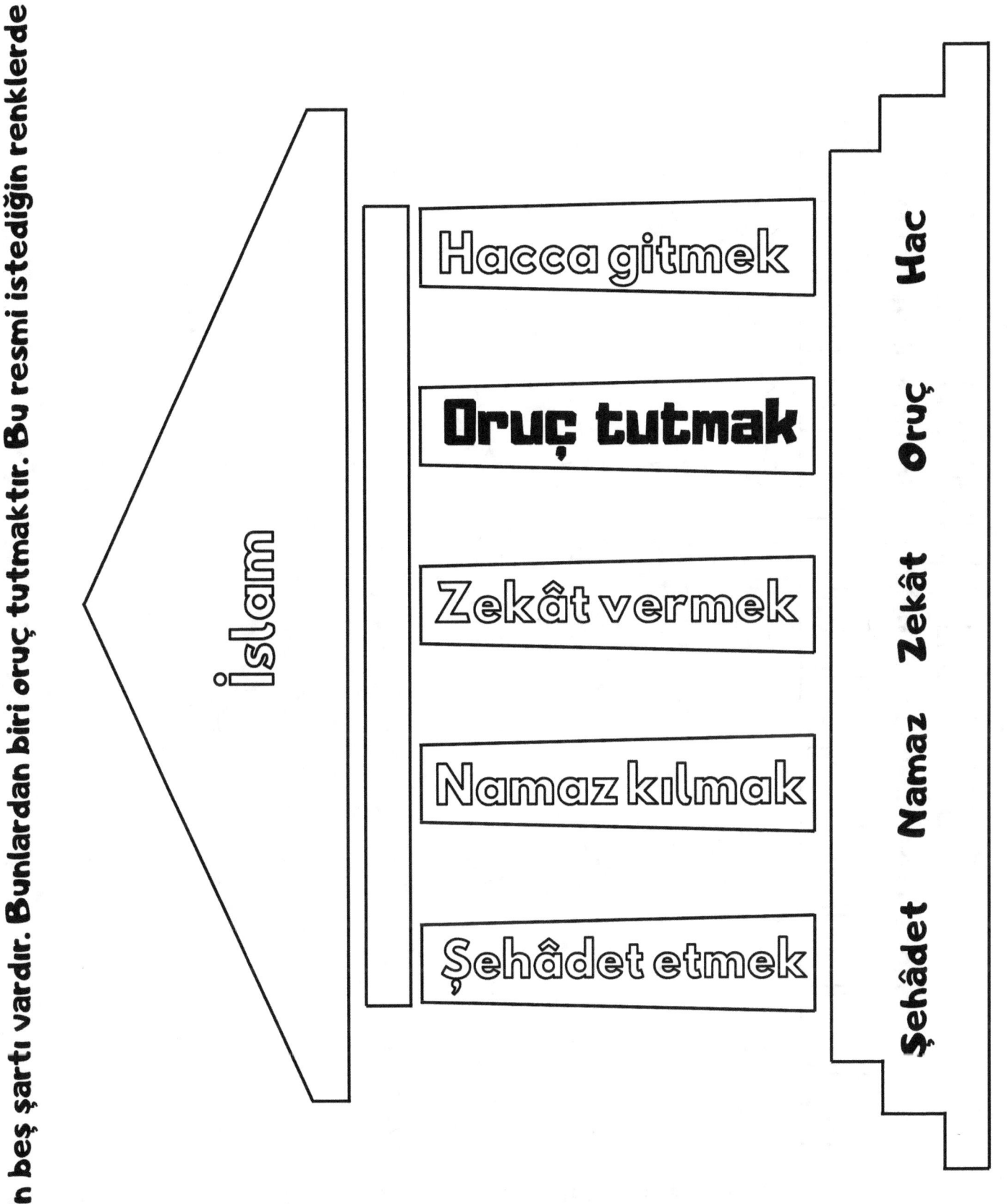

Ramazan günlüğüm

Ramazan'ın her gününde yaptığın her görev için bir yıldız boya

	1	2	3	4	5	6	7	8	9	10	11	12	13	14	15
Oruç	☆	☆	☆	☆	☆	☆	☆	☆	☆	☆	☆	☆	☆	☆	☆
Abdest	☆	☆	☆	☆	☆	☆	☆	☆	☆	☆	☆	☆	☆	☆	☆
Namaz	☆	☆	☆	☆	☆	☆	☆	☆	☆	☆	☆	☆	☆	☆	☆
Kuran	☆	☆	☆	☆	☆	☆	☆	☆	☆	☆	☆	☆	☆	☆	☆
Zikir	☆	☆	☆	☆	☆	☆	☆	☆	☆	☆	☆	☆	☆	☆	☆
Cami	☆	☆	☆	☆	☆	☆	☆	☆	☆	☆	☆	☆	☆	☆	☆
Dua	☆	☆	☆	☆	☆	☆	☆	☆	☆	☆	☆	☆	☆	☆	☆
İyilik	☆	☆	☆	☆	☆	☆	☆	☆	☆	☆	☆	☆	☆	☆	☆
Sadaka	☆	☆	☆	☆	☆	☆	☆	☆	☆	☆	☆	☆	☆	☆	☆

Ramazan günlüğüm

Ramazan'ın her gününde yaptığın her görev için bir yıldız boya

	16	17	18	19	20	21	22	23	24	25	26	27	28	29	30
Oruç	☆	☆	☆	☆	☆	☆	☆	☆	☆	☆	☆	☆	☆	☆	☆
Abdest	☆	☆	☆	☆	☆	☆	☆	☆	☆	☆	☆	☆	☆	☆	☆
Namaz	☆	☆	☆	☆	☆	☆	☆	☆	☆	☆	☆	☆	☆	☆	☆
Kuran	☆	☆	☆	☆	☆	☆	☆	☆	☆	☆	☆	☆	☆	☆	☆
Zikir	☆	☆	☆	☆	☆	☆	☆	☆	☆	☆	☆	☆	☆	☆	☆
Cami	☆	☆	☆	☆	☆	☆	☆	☆	☆	☆	☆	☆	☆	☆	☆
Dua	☆	☆	☆	☆	☆	☆	☆	☆	☆	☆	☆	☆	☆	☆	☆
İyilik	☆	☆	☆	☆	☆	☆	☆	☆	☆	☆	☆	☆	☆	☆	☆
Sadaka	☆	☆	☆	☆	☆	☆	☆	☆	☆	☆	☆	☆	☆	☆	☆

Namaz hareketleri

Nasıl namaz kılınacağını öğrenmek ister misin? Cevabın evet ise, gelecek sayfalar yardımcı olabilir! Yoksa namaz kılmayı öğrendin mi bile? O zaman belki bir başkasına namaz hareketlerini gösterebilir ve nasıl namaz kılındığını öğretebilirsin.

Gelecek sayfalardaki şekilleri istediğin renklerde boya ve makas ile etraflarından kes. Ardından şekilleri siyah noktalardan delerek maşa raptiyeler ile birleştir. Maşa raptiyesi şuna benzer:

Her resmin altına namaz hareketlerinin ismini yaz.

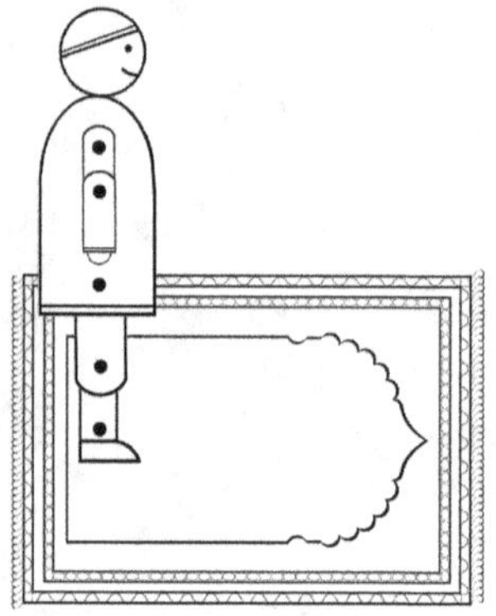

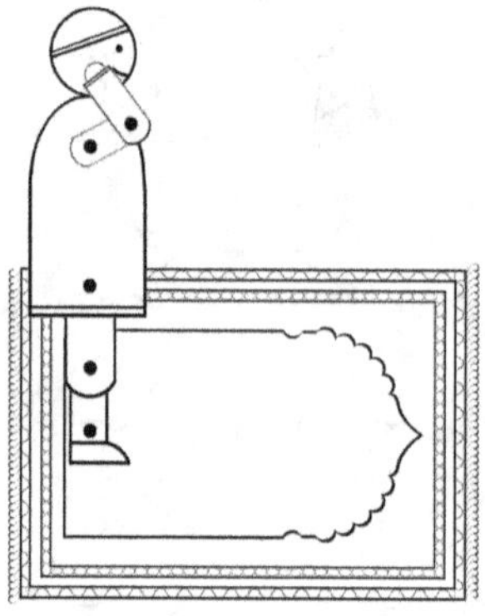

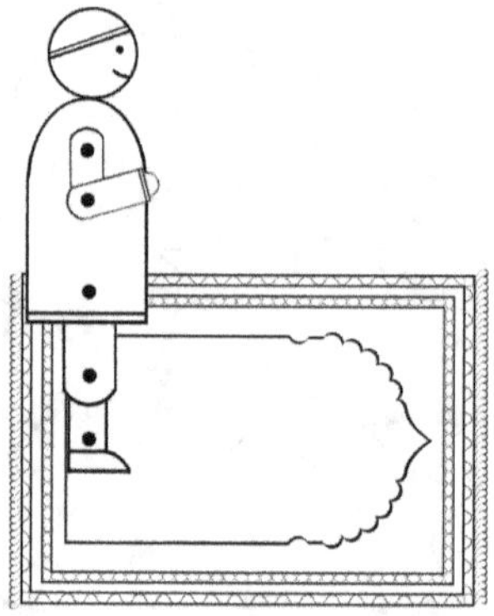

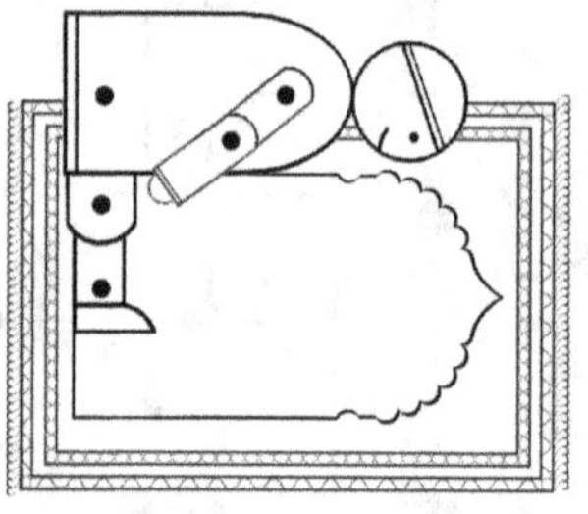

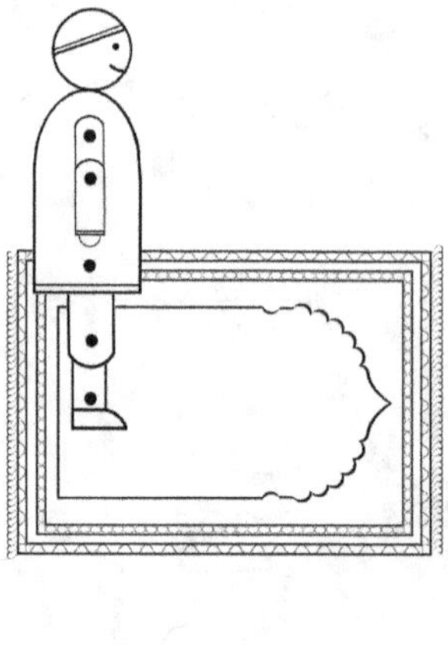

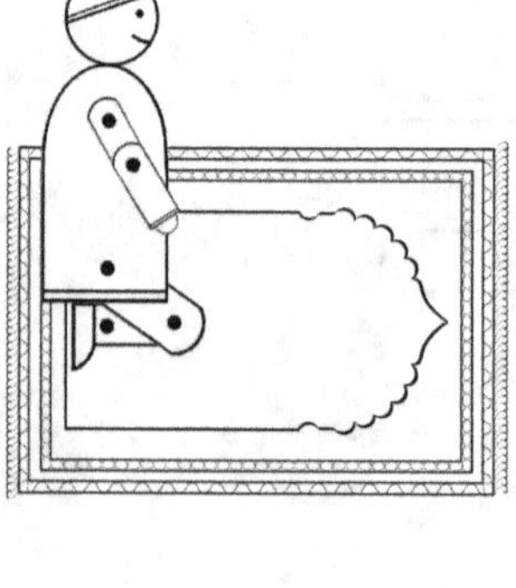

_____   _____   _____   _____

_____   _____   _____

1. boya
2. kes
3. siyah noktalardan delikler aç
4. maşa raptiye ile birleştir

sonuç

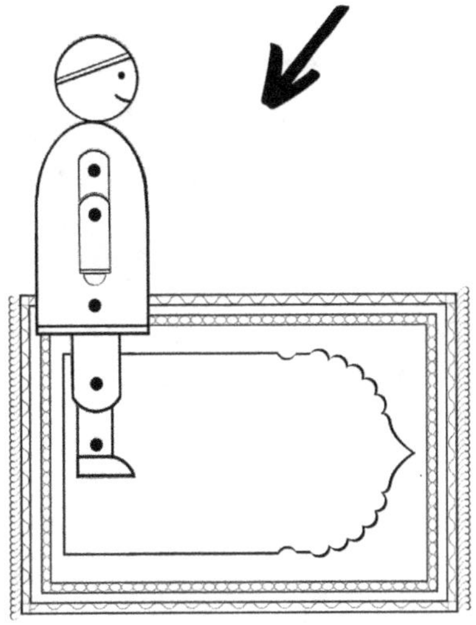

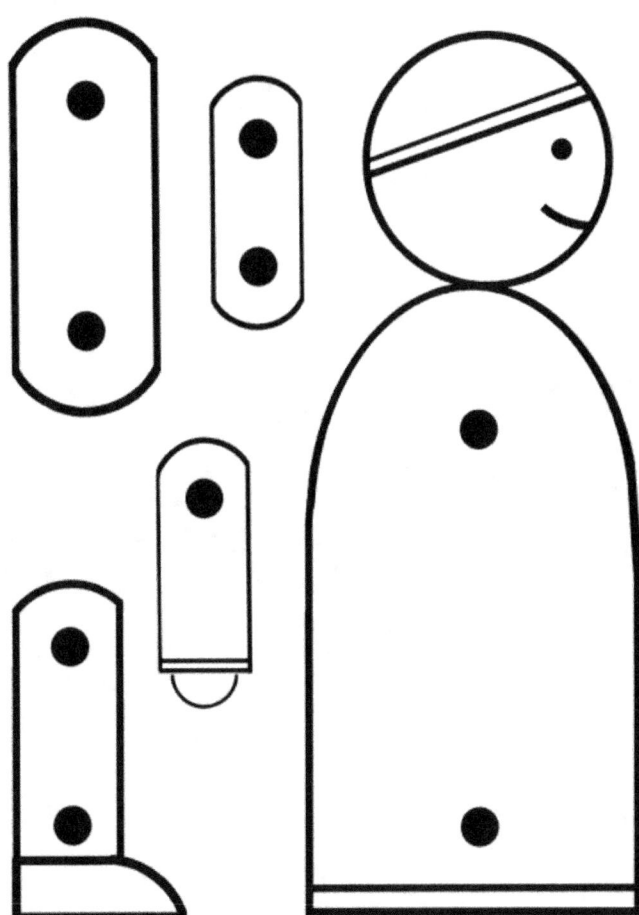

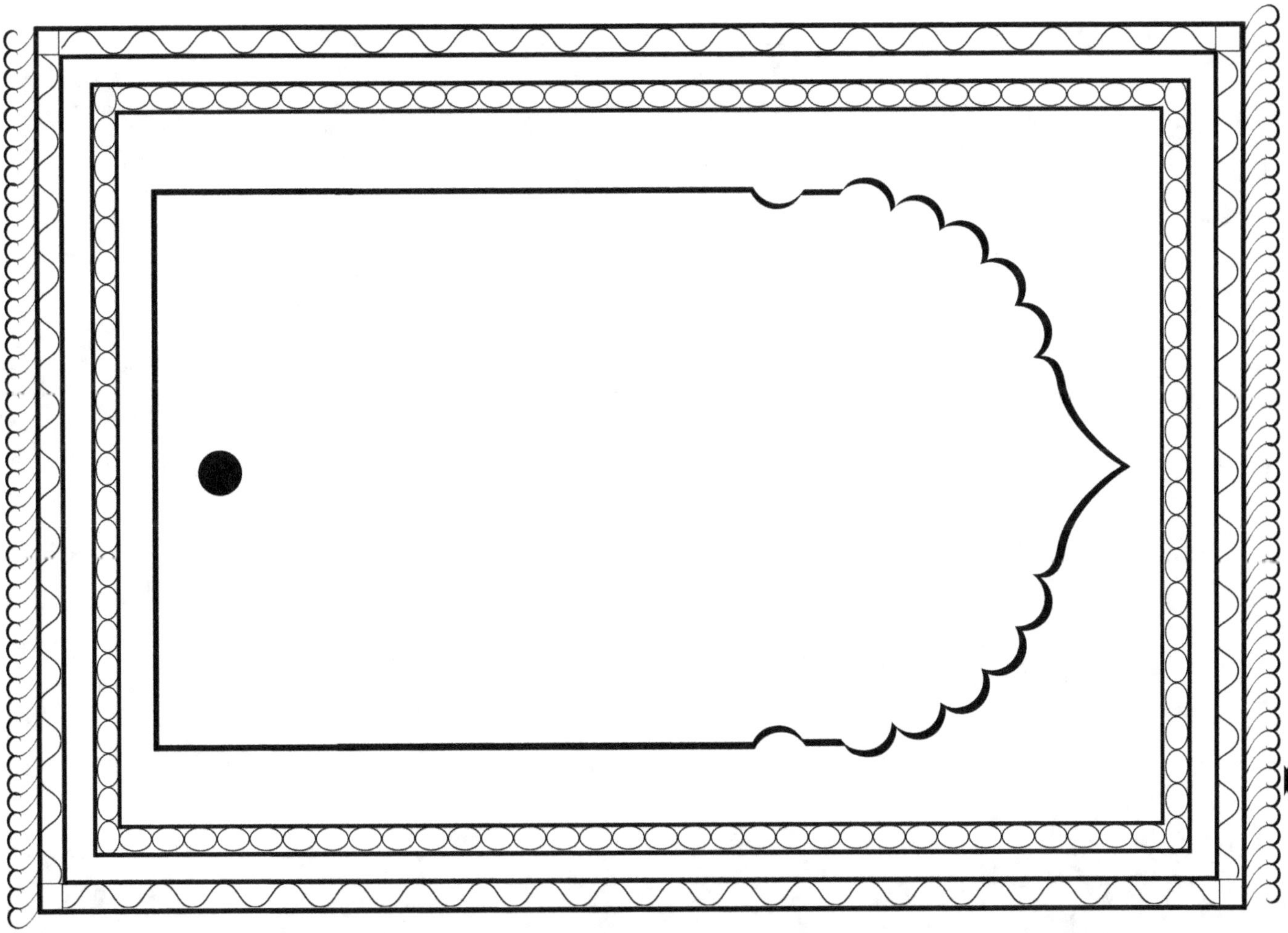

1. boya
2. kes
3. siyah noktalardan delikler aç
4. maşa raptiye ile birleştir

sonuç

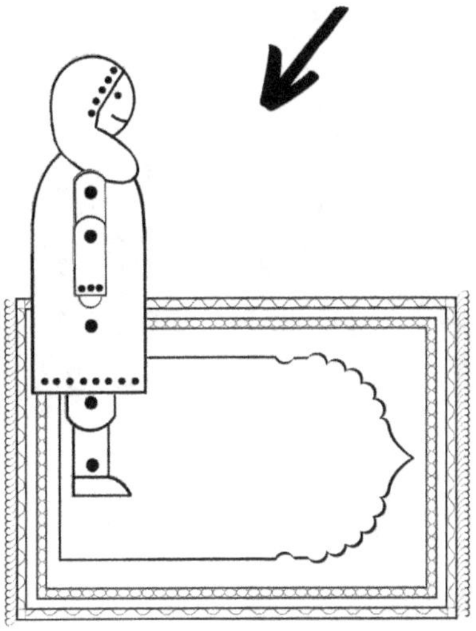

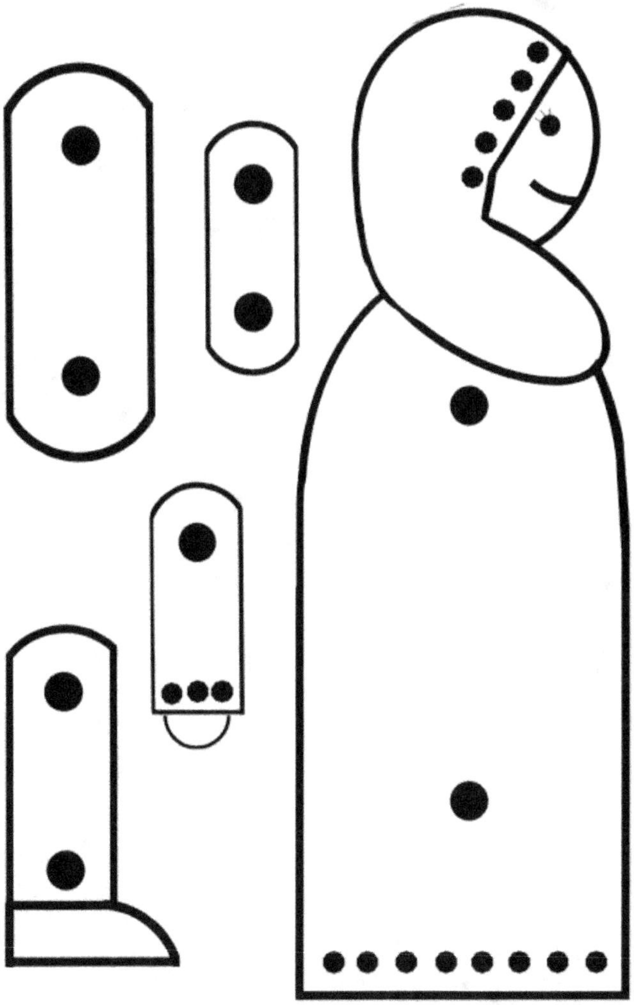

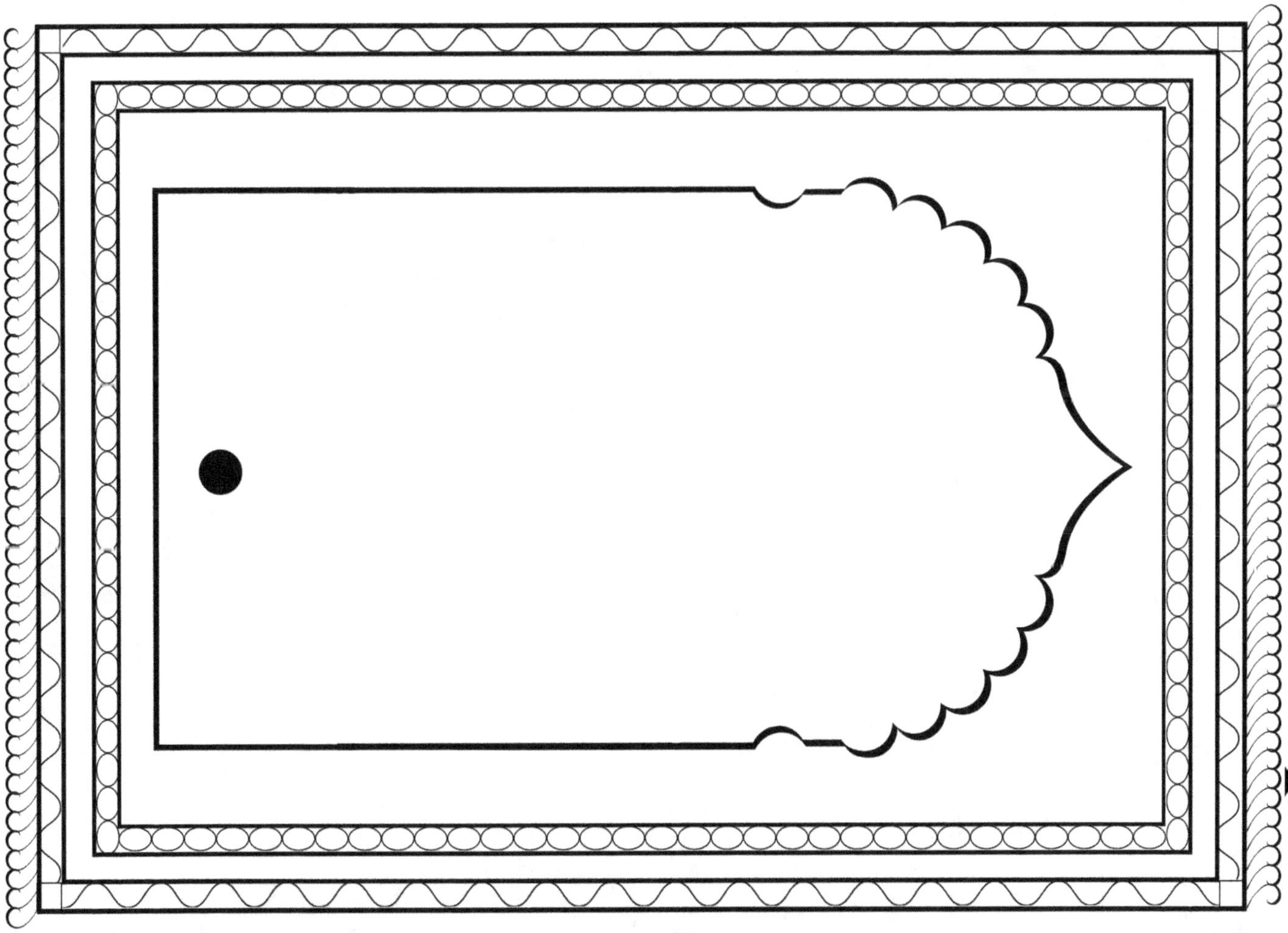

İyilik yapmak

Ramazan ayında yaptığımız iyilikleri artırmaya odaklanıyoruz.

Bir sonraki sayfada yaptığın her iyilik için bir yaprak boya. Ne kadar iyilik yaparsan, o ağacın o kadar büyür! Şu anda ağaç oldukça çıplak ve renksiz görünüyor. Daha çok iyilik yaptıkça daha fazla yaprak ekleyebilirsin. Ağacının büyümesine izin ver!

İyi işler yapmanın pek çok yolu var! İşte bazı örnekler:

- ev işlerinde ailene yardım etmek
- odanı toplamak
- ihtiyacın olmayan veya kullanmadığın bir şeyi bağışlamak
- yaşlıları ziyaret etmek
- başkalarına daima kibar davranmak
- gülümsemek, çünkü gülümsemek sadakadır
- savurganlıktan uzak durmak
- minnettar olmak
- iltifat etmek
- ve çok daha fazlası!

Unutma: İyi bir insan olmak sadece Ramazan ayına mahsus değil, her zaman iyi bir insan olmalıyız!

İyilik Ağacı

Yaptığım iyilikler

Bu tabloya yaptığın iyilikleri yazabilirsin. Onları yazmasan bile unutma ki her zaman amellerini yazan melekler var.

Tarih	Yaptığım iyilik

Tarih	Yaptığım iyilik

Bu seccadeyi istediğin renklerde boya!

Kıble oku

Bir sonraki sayfada boyayabileceğin bir ok var. Bu oku etrafındaki çizgilerden makas ile kes ve duvarına as ya da yere koy ki kıble yönünü her zaman bilesin.

Evinize gelen misafir Kıble'yi sorarsa, oku işaret edebilirsin.

Okun üzerine istediğin bir şey yazmak istiyorsan okun arka tarafını kullanabilirsin!

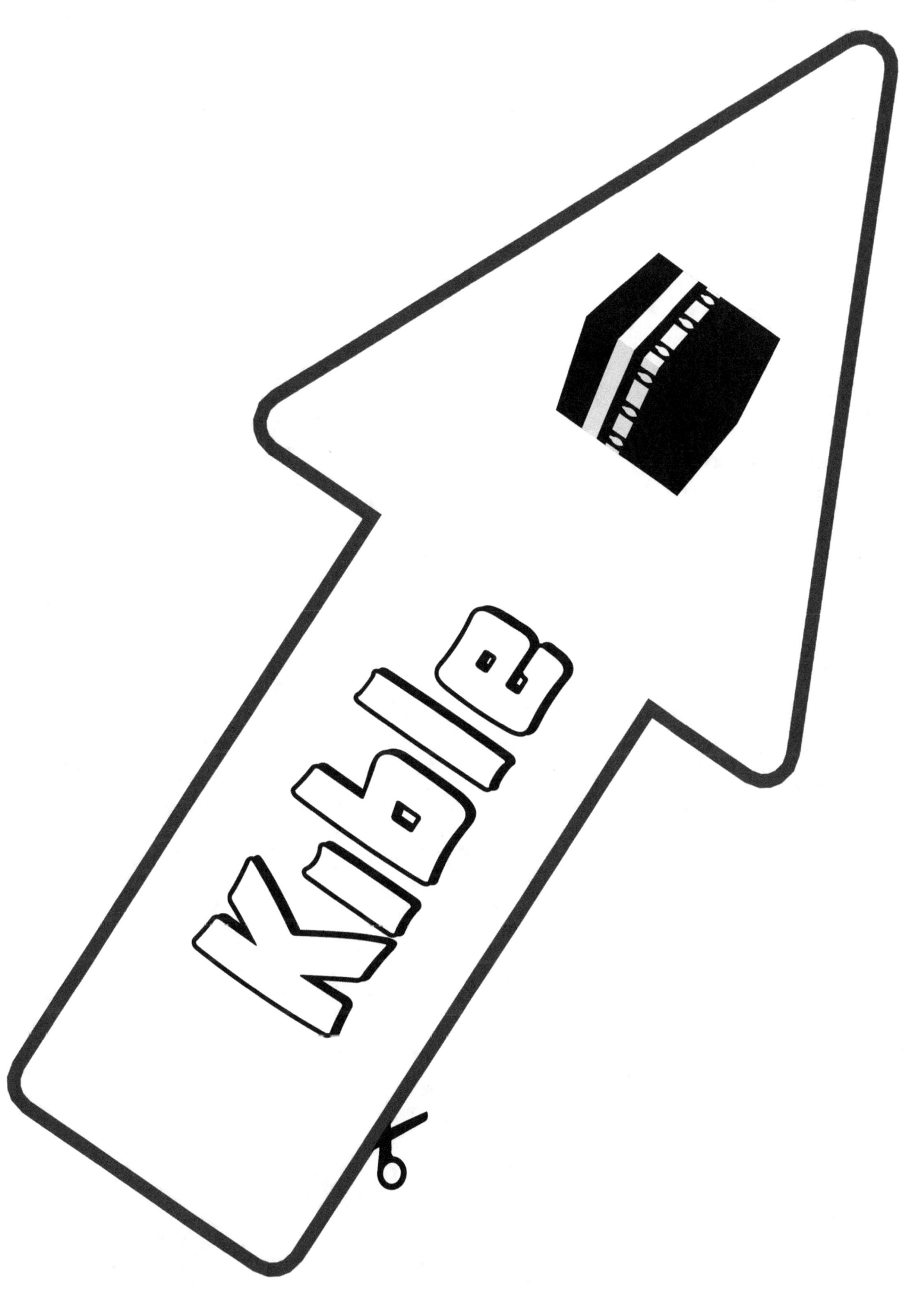

Kapı askısı

Ailenin seni sahur için uyandırmasını ister misin? Bu kapı askısını istediğin renklerde boya, makas ile etrafından kes ve oda kapısının koluna as!

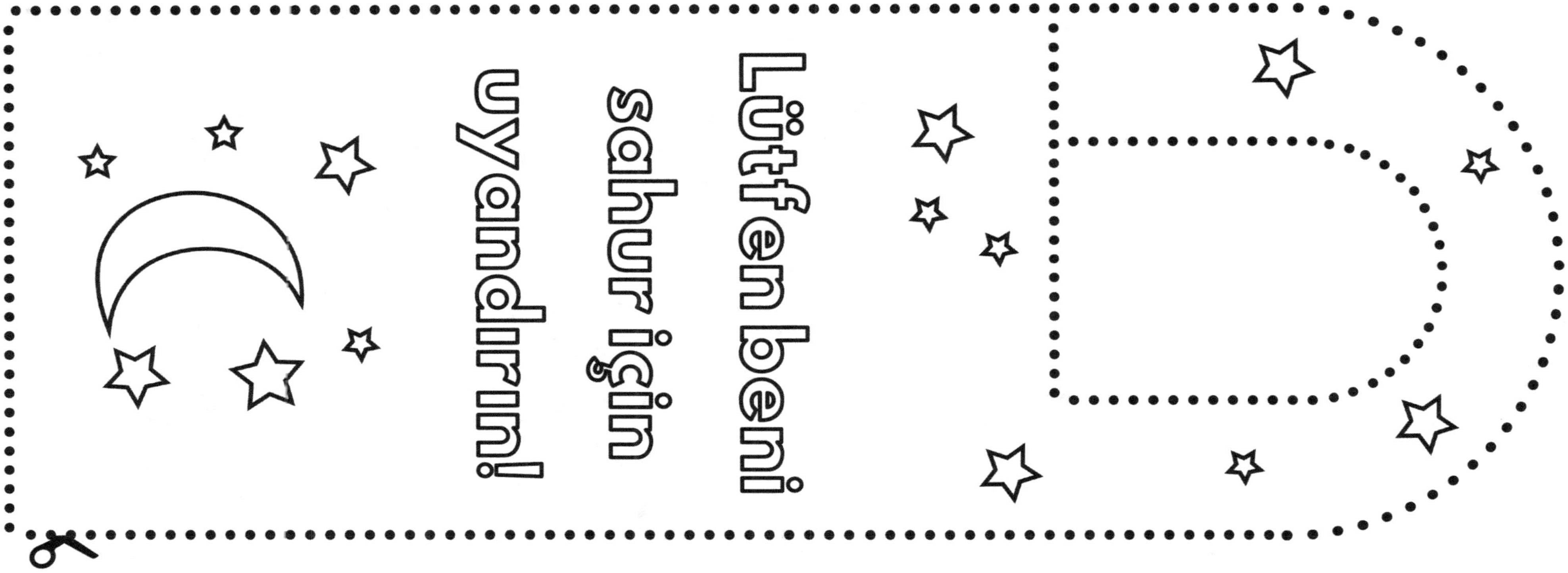

Lütfen beni sahur için uyandırın!

Bu kapı askının arka tarafı. İstediğin şeyi yazıp istediğin renklerde boyayabilirsin.

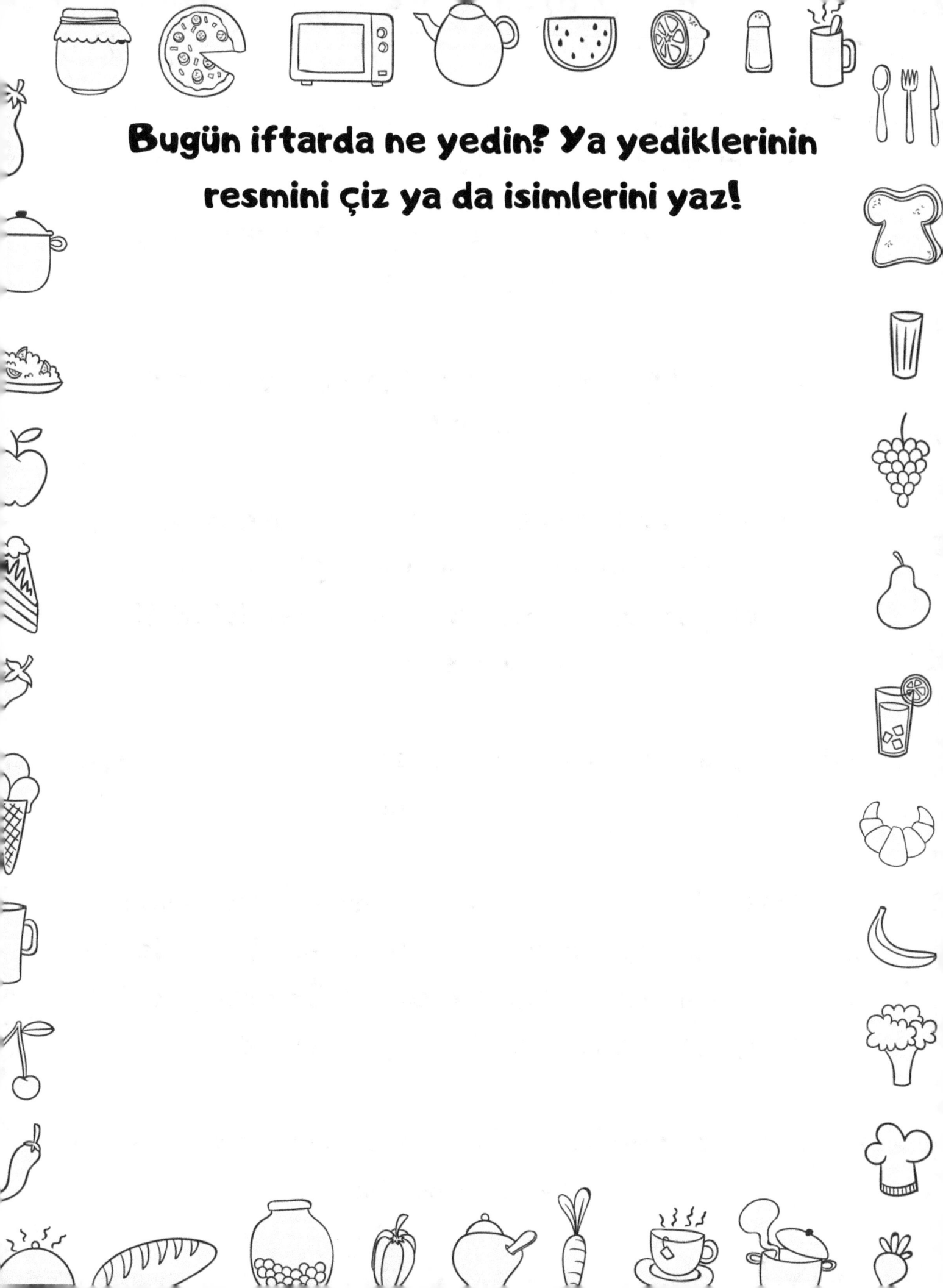

Bugün iftarda ne yedin? Ya yediklerinin resmini çiz ya da isimlerini yaz!

Kitap Ayraçları

Kur'an-ı Kerim düzenli ve hatta Ramazan ayı boyunca okunmalıdır.

Kitap ayraçları sana en son hangi sayfayı okuduğunu hatırlatır.

Bir sonraki sayfada üç kitap ayracı bulacaksın. Sağ taraftaki kitap ayracını istediğin şekilde tasarlayabilirsin. Diğer kitap ayraçları istediğin renklerde boya.

Kitap ayraçlarının arkasına istediğin deseni çiz veya bir ithaf yaz.

Onları daha dayanıklı hale getirmek için lamine ettirebilirsin. Ayrıca, siyah noktanın olduğu yerden bir delik delip ince bir ip bağlayabilirsin. İpin rengini kitap ayracın rengine uydurmaya özen göster.

Bir ayracı kendin için kullan, diğer ikisini hediye olarak sevdiklerine ver.

 # Kitap Ayraçları

Bu kitap ayraçların arka tarafı. Bunları renklendirebilir, bir şeyler çizebilir veya bir ithaf yazabilirsin.

İftar Davetiyeleri

Ailen başkalarını iftara çağırıyor mu? Cevabın evet ise, davet etmek istediğiniz kişilere bu davetiyeleri verebilirsin. Detayları arka tarafa yazabilirsin.

Bu davetiyelerin arka yüzü.
Ayrıntıları buraya yaz.

Kim:

Ne zaman:

Nerede:

Kimden:

Kime:

Tarih:

Zaman:

Adres:

Zikir Zamanı

Toplam 33 defa Sübhanallah de ve her dediğinde bir boncuğu istediğin renklerde boya.

Subhānallāh
سُبْحَانَ اللهُ, Allah münezzehtir

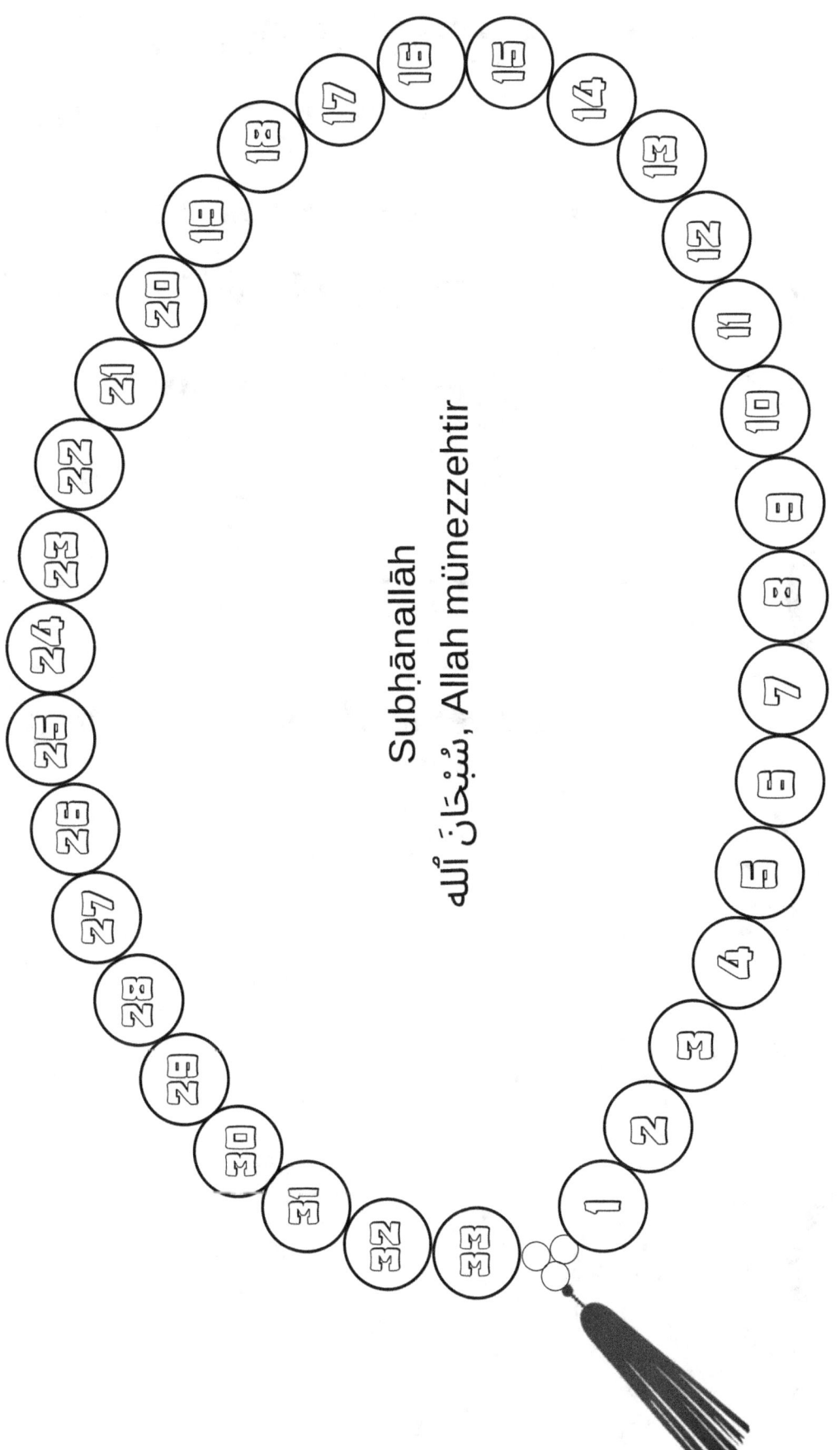

Sabah güneş doğmadan ÖNCE oruç tutmaya başlarız.

Peki bu sabah saat kaça kadar bir şeyler yiyebiliriz?

Saati buraya yaz

_____ : _____

Güneşin doğuşunu buraya çiz

Güneş battıktan sonra tekrar yemek yiyebiliriz.

Bugün güneş saat kaçta batıyor?

Saati buraya yaz

_____ : _____

Karanlık olduğunda ayı ve yıldızları daha net görebiliriz. Camdan baktığında ay bugün neye benziyor? Buraya çiz.

Bugün kaç saat oruç tutuyoruz? Sayıyı buraya yaz.

_____

Oruç tuttuğumuz her saat için saatin ortasındaki bir alanı boya!

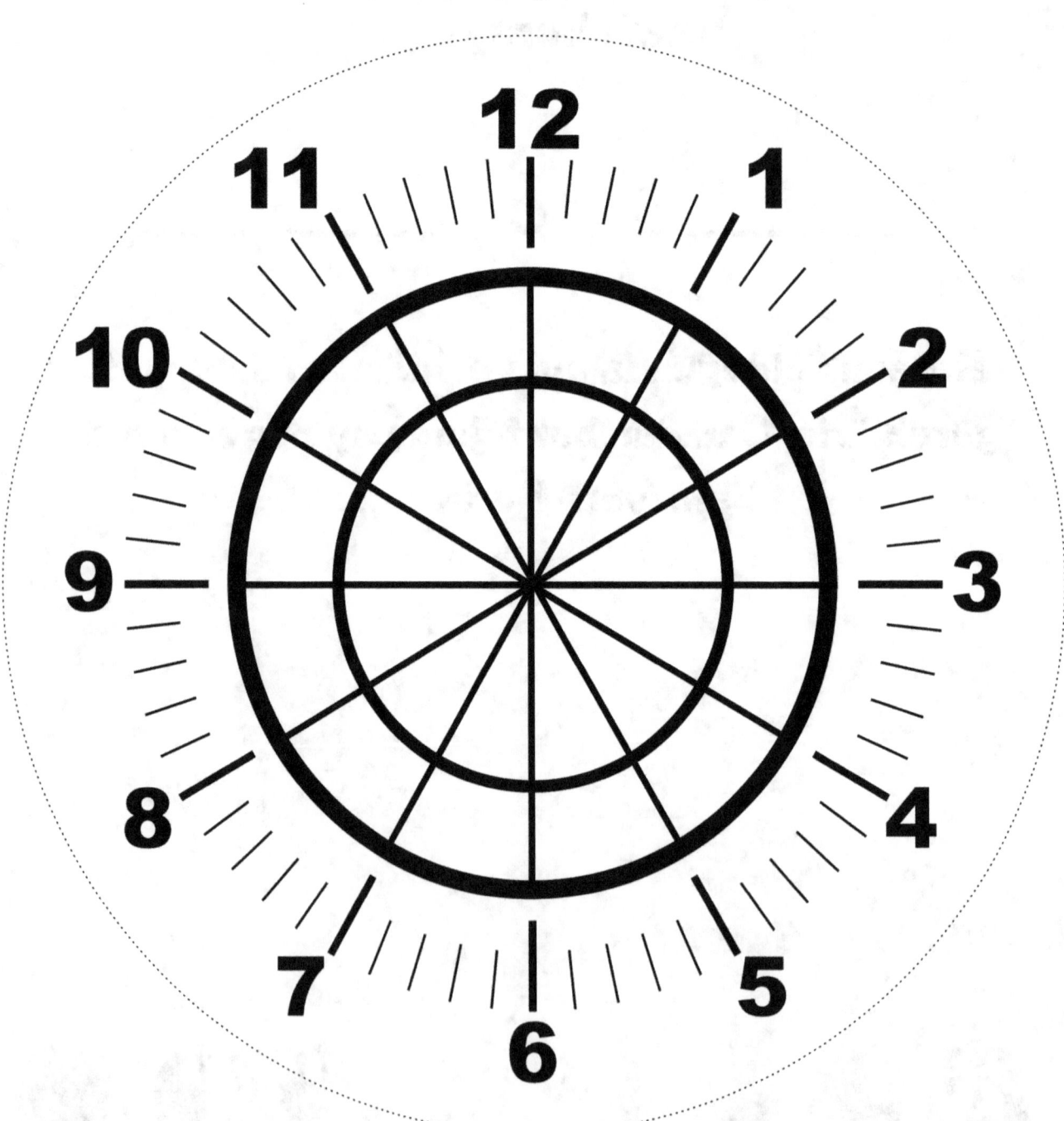

Zikir Zamanı

Toplam 33 defa Elhamdülillah de ve her dediğinde bir boncuğu istediğin renklerde boya.

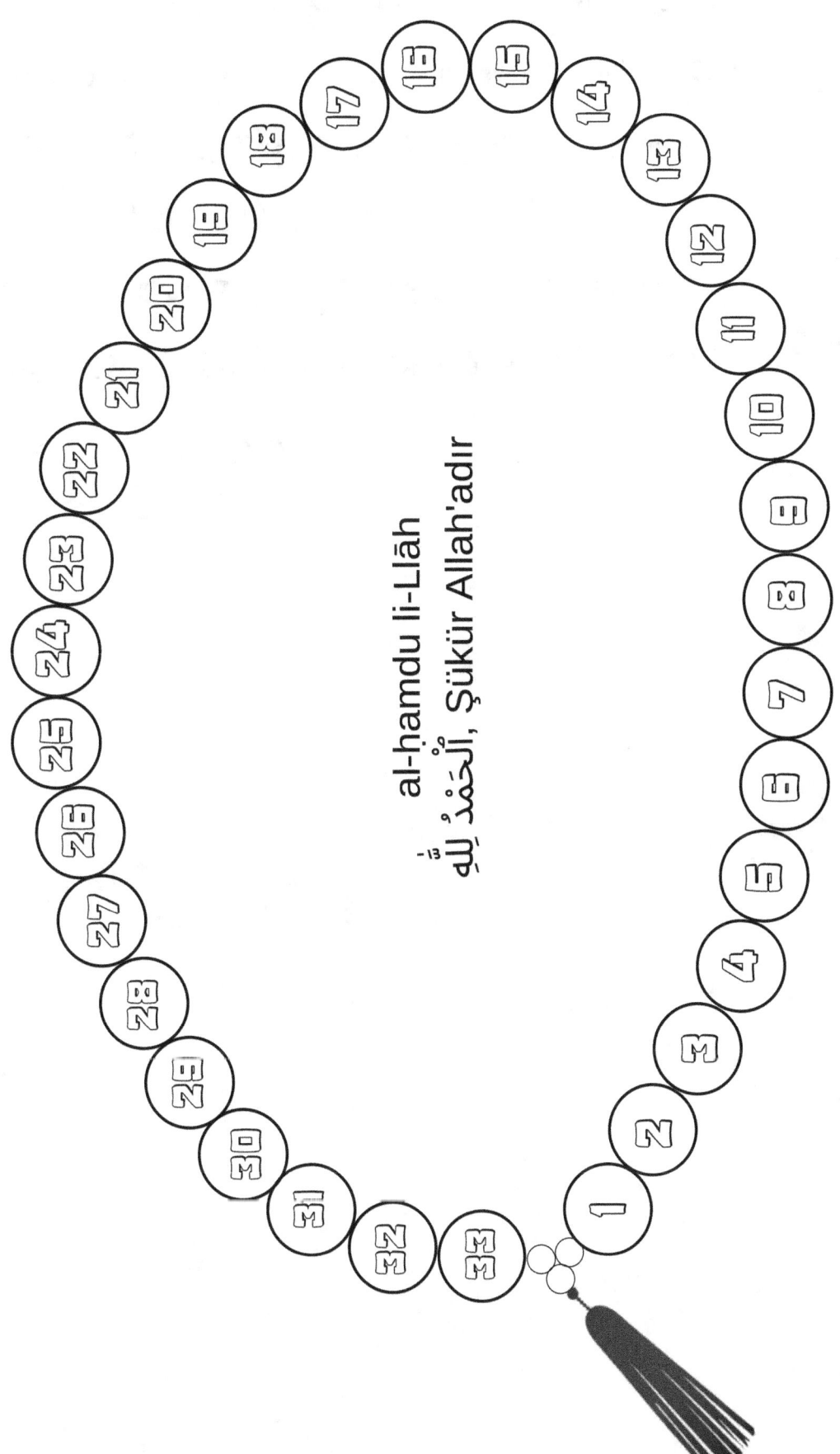

al-ḥamdu li-Llāh
اَلْحَمْدُ لِلَّٰه, Şükür Allah'adır

Her yıl Ramazan daha erken bir tarihte ve bu Ramazan'ın bazen kışın, bazen ilkbaharda ve bazen yazın veya sonbaharda olduğu anlamına gelir.

Bu Ramazan ayında yaşadığın yerde mevsimin nasıl olduğunu buraya çiz veya yaz!

Zikir Zamanı

Toplam 33 defa Allahu ekber de ve her dediğinde bir boncuğu istediğin renklerde boya.

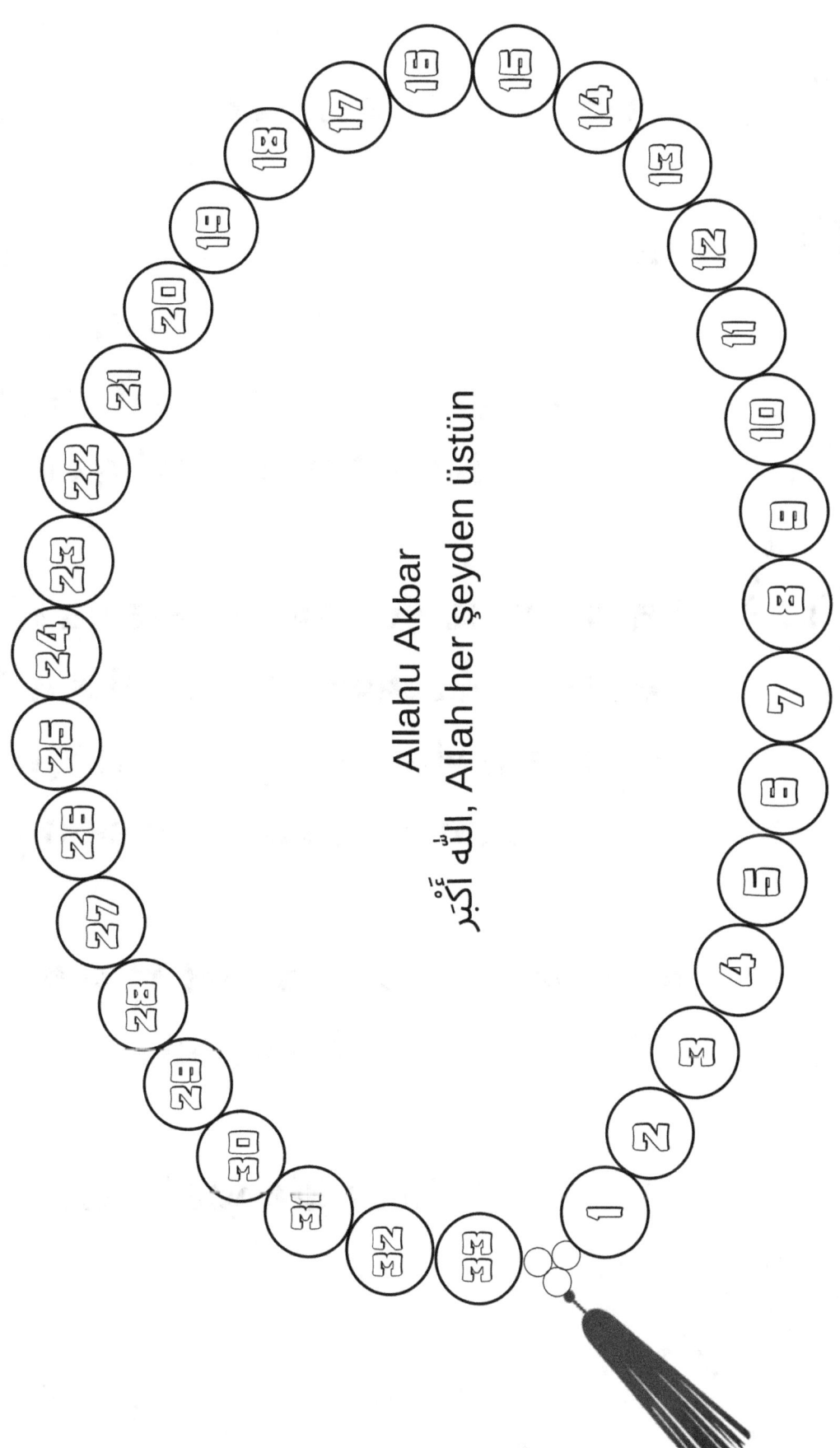

Allahu Akbar

اللّٰهُ أَكْبَر, Allah her şeyden üstün

Yapboz

Bir sonraki sayfa boş ve nedeni şu:

Ailenin iftar sofrasını nasıl kurduğu ya da evinin Ramazan için nasıl dekore edildiği gibi Ramazan'la ilgili tam boyutlu bir resim çiz

Sayfayı çevirdiğinde, orada bir yapboz deseni olduğunu göreceksin. Yapboz parçalarını kes ve çözmesi için ailenden birine veya arkadaşına ver.

Sonunda, o kişi resmini tekrar bir araya getirmeli.

İyi eğlenceler!!!

Birbirine ait olanları bul

Birbirine ait olan resimleri bir çizgi çizerek birleştir.

A   1

B   2

C   ت ب ا   3

D   4

sonuç: A + 3, B + 4, C + 2, D + 1

Kuran'da bahsedilen hayvanlar

karga
sure: Al-Ma'idah 5:31

eşek
sure: Al-Jumu'ah 62:5

kurt
sure: Yusuf 12:13

yılan
sure: Ta-Ha 20:20

keçi
sure: Al-An'am 6:143

köpek
sure: Al-Kahf 18:22

fil
sure: Al-Fil 105:1

at
sure: Aal-Imran 3:14

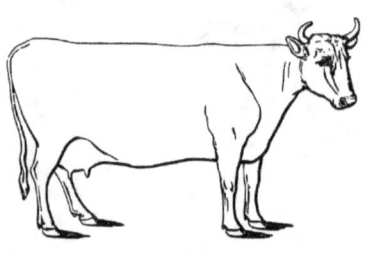
inek
sure: Al-Baqarah 2:69

maymun
sure: Al-Baqarah 2:65-66

kurbağa
sure: Al-A'raf 7:133

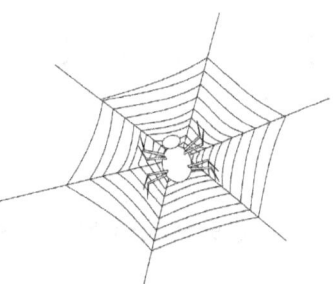
örümcek
sure: Al-'Ankabut 29:41

balina
sure: Al Qalam 68:48

aslan
sure: Al-Mudaththir 74:51

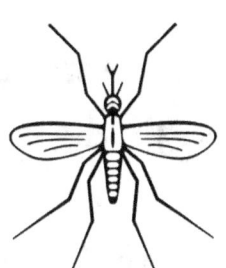
sivrisinek
sure: Al-Baqarah 2:26

koyun
sure: Taha 20:18

domuz
sure: Al-Baqarah 2:173

deve
sure: Al Araf 7:40

ibibik
sure: An-Naml 27:20

arı
sure: Al-Nahl 16:68

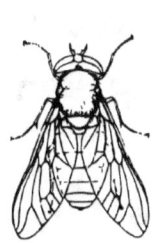
sinek
sure: Al-Hajj 22:73

Hafıza oyunu

İlerleyen sayfalarda farklı desenlere sahip seccadelerin resimlerini göreceksin. Onları renklendir ancak aynı desenli seccade için aynı renkleri ve farklı seccadeler için farklı renkler kullandığından emin ol.

Burada renkli kalemler kullanman çok önemli. Keçeli kalemler gibi diğer kalemlerde, rengin diğer sayfalara geçme riski var.

Ardından seccadelerin resimlerini makas ile kes. Bu oyunu seninle oynayacak birini bulabilir ya da tek başına yerde veya masada oynayabilirsin.

Oyunun kuralları aşağıdaki gibidir:
Tüm resimleri yüzü aşağı bakacak şekilde yerleştir ve onları iyice karıştır. İlk oyuncu sırayla iki resmi çevirebilir. Resimler eşleşirse, oyuncu o çifti yanına alır ve iki resim daha çevirme hakkı kazanır.

Ancak resimler eşleşmezse, resimler aynı konuma geri yerleştirilir ve diğer oyuncuya sıra gelir.

Oyun, tüm çiftler bulunana kadar bu şekilde sırayla oynanır. En çok çifte sahip olan oyuncu kazanır.

İyi eğlenceler!!!

Şükür zamanı

ALLAH'a minnettar olduğun her şeyi bu sayfaya çiz veya yaz

Kelimeleri bul

```
B A Y R A M U D I N E I D M F
O M U P D Q S I W P G V S P C
E H I D F P S O F R A L N U A
Z N V S L A I R G H B X Q E M
I R A F A S U F C A M E L Q I
Y V K R E F C O A K L L P V L
A J I Q G K I L Z F E G E L I
R O T N L I N R F M N S Z M A
E C I I G L A U I E H X A H F
T H E V O N H R X A E G N N G
Z A S E I F T A R L D D A U A
L N S R Q W G O K S I P N E N
A R I N A M A Z C H Y M L H G
I E S R M I B J A C E A B S D
T H U R M A T O N H M I T R A
R J L U H M X B P S L P X S P
K F S T L Y G K Z A I L E E R
N N I Y E T I E R A C H E N W
```

Aşağıdaki kelimeleri bul:

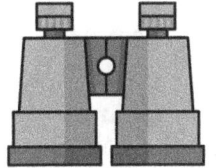

SOFRA
MİSAFİR
AMEL
VAKİT
EZAN
AİLE
BAYRAM
ZİYARET
HURMA
NİYET
NAMAZ
İFTAR
CAMİ
HEDİYE

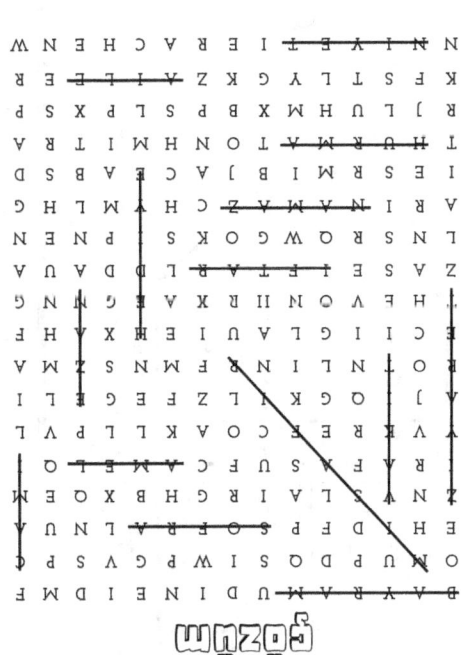

Evden camiye giden yolu bulabilir misin? Yolu buldukktan sonra resimleri istediğin renklerde boya!

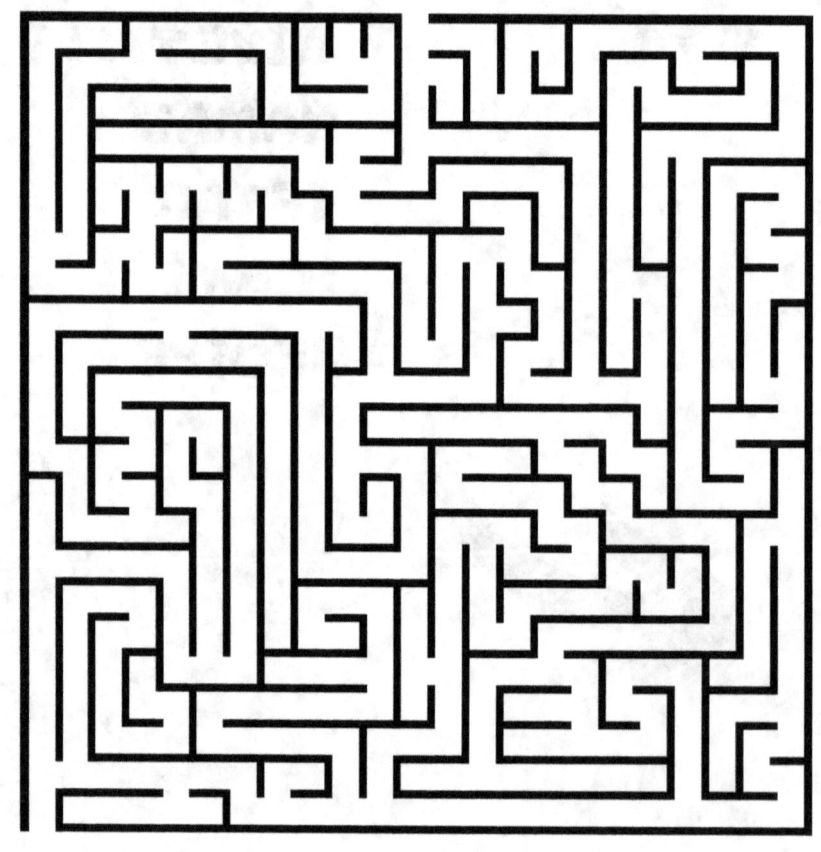

Ramazan Feneri

Bayram için evini dekore etmeye başla!

Öncelikle bu sayfadaki feneri renklendir.

Bu fenerin dış tarafıdır. Daha ayrıntılı bilgiler bir sonraki sayfada bulabilirsin.

buraya tutkal sür

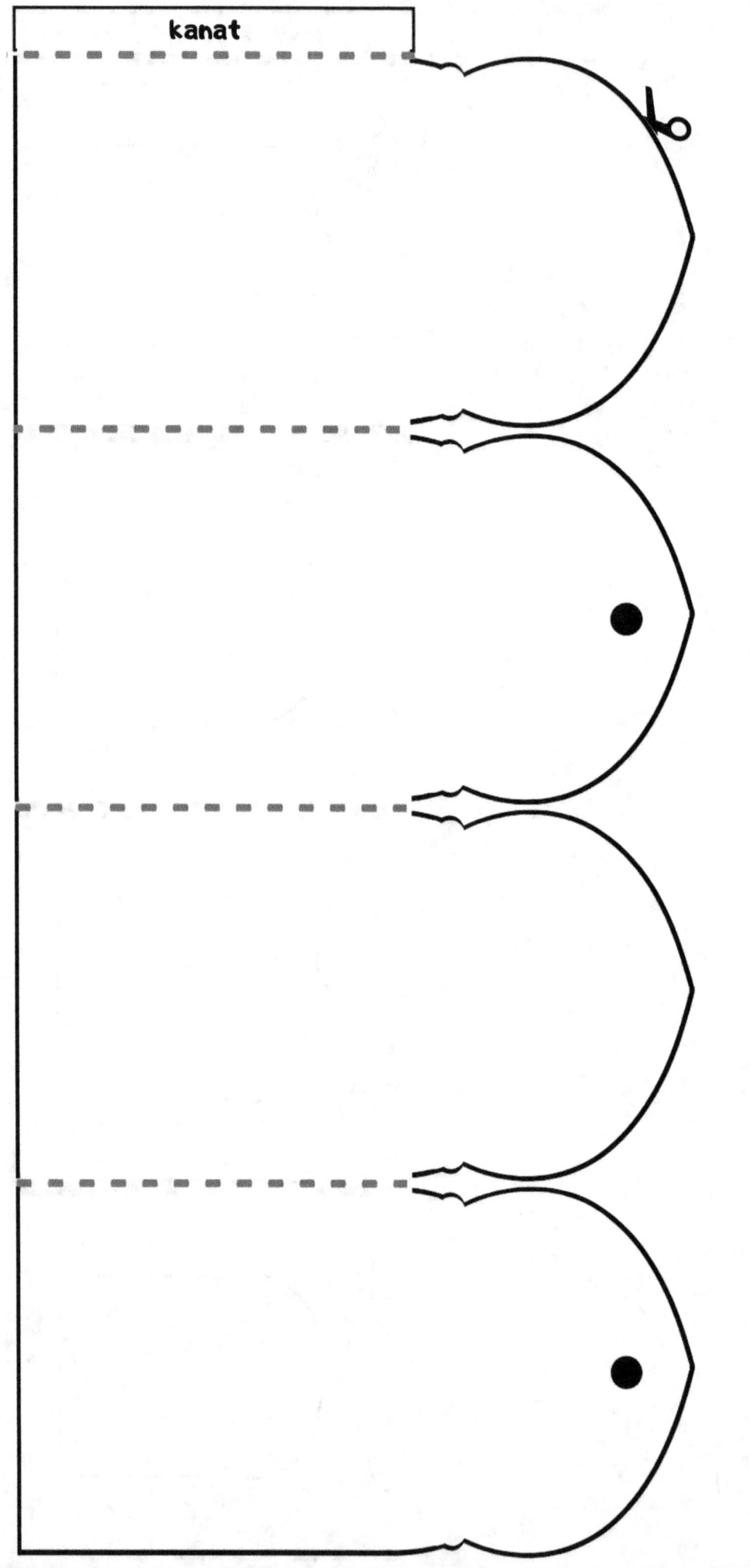

Çelenk

Sonraki sayfalardaki harfli üçgenleri kesip bir ip ya da çubuğa yapıştırma fırsatın olacak. Alternatif olarak harfleri küçük mandallar ile bir ipe bağlayabilirsin. Aşağıdaki çelenkler oluşturulabilir:

HAYIRLI

RAMAZANLAR

HOŞGELDİN

RAMAZAN

Başka örnekler:

İlerleyen sayfalardaki boş çelenk parçalarına istediğin harfleri yazabilirsin. Bu proje için, harfleri yapıştırıp ve çelenk oluşturabileceğin bir ip veya ipliğe ihtiyacın olacak. Ardından çelenkleri duvara asabilirsin.

Bayramda bol bol şeker ve tatlı yeniliyor. Bu sayfadaki tatlıları boya ve en sevdiklerinin etrafına bir daire çiz.

Cüzdan

Bayramda çocuklara sadece şeker değil, ayrıca para da veriliyor.

Bayram paranı tek bir yerde saklaman için bir sonraki sayfada boyayabileceğin ve etrafını makas ile kesebileceğin bir cüzdan bulabilirsin.

Bu kâğıt cüzdanın köşelerini birbirine yapıştırabilir veya zımbalayabilirsin.

Bu bayram ne kadar para topladığını buraya not et:

Cüzdanını istediğin renklerde boya, makas ile dış çizgilerden kes ve sonraki sayfada gösterildiği gibi noktalı çizgilerden katla.

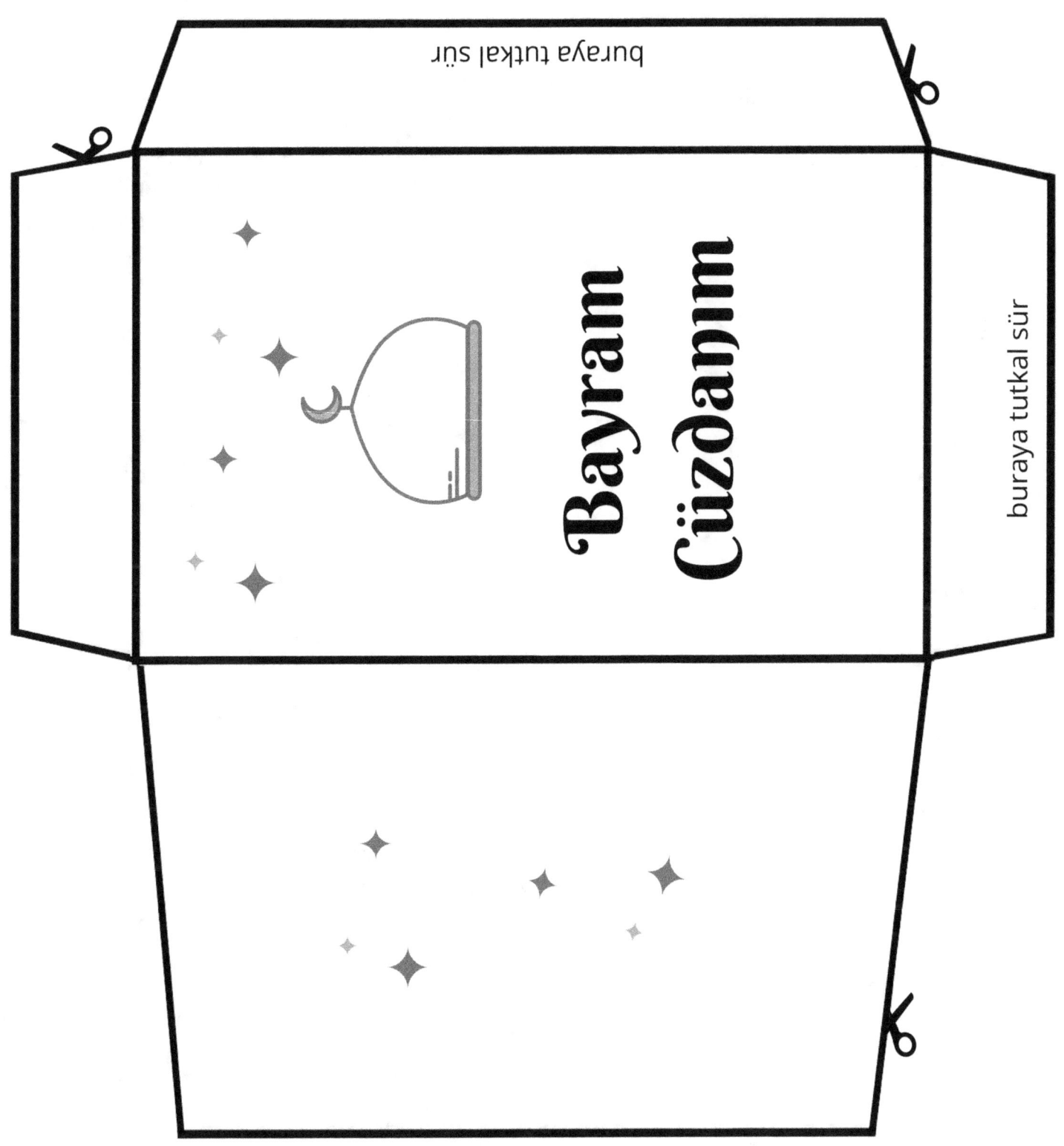

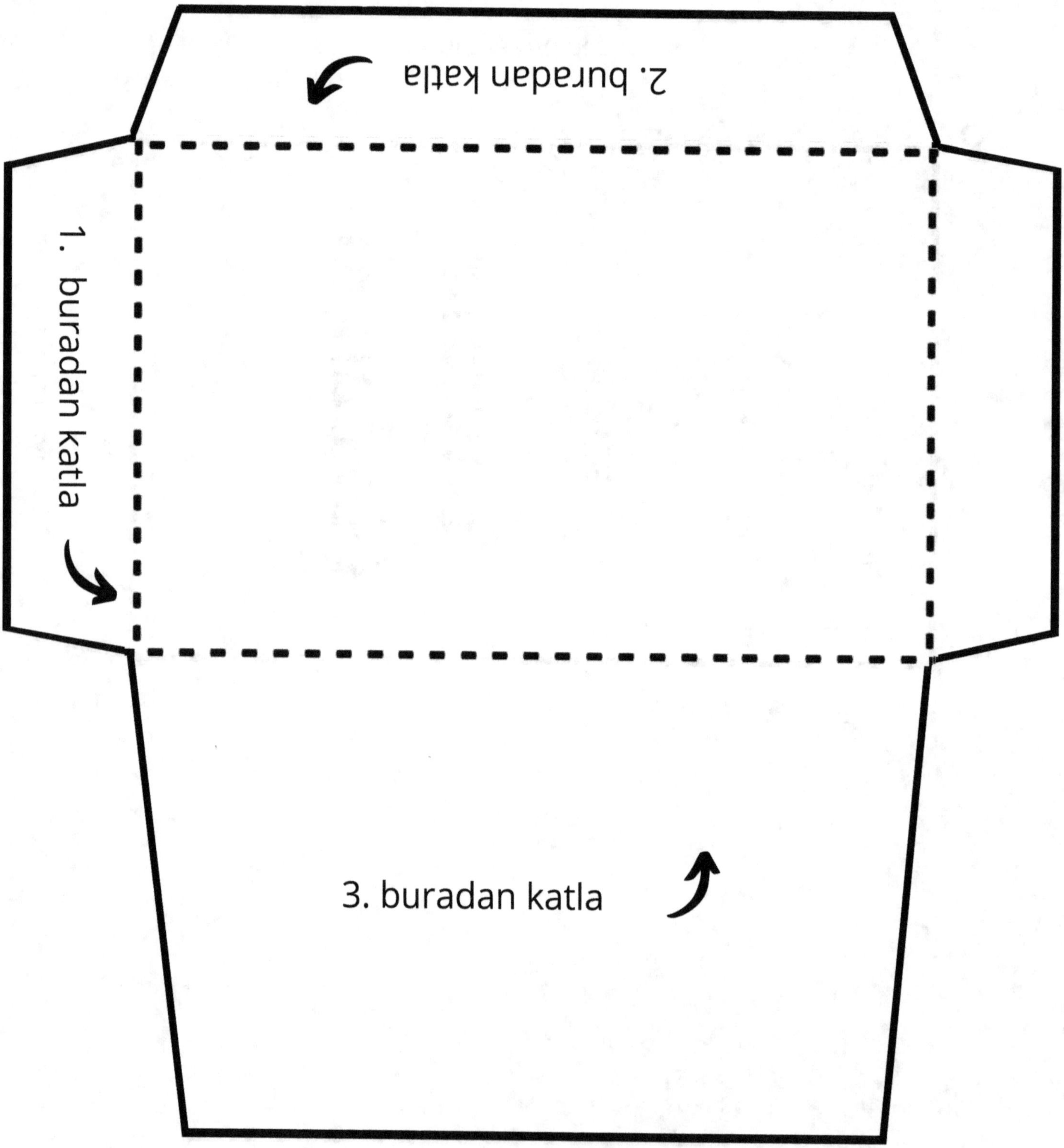

1. buradan katla

2. buradan katla

3. buradan katla

Bayram günü en güzel kıyafetlerimizi giyiyoruz. Bayram için ne giyeceğini biliyormusun? Kıyafetlerinin resmini buraya çiz veya listele.

Bayram Ziyaretleri ve Telefonlar

Bayramda kimi ziyaret edeceğini veya arayacağını buraya yaz.

aile   arkadaşlar

☐ _____   ☐ _____
☐ _____   ☐ _____
☐ _____   ☐ _____
☐ _____   ☐ _____
☐ _____   ☐ _____
☐ _____   ☐ _____
☐ _____   ☐ _____

Bayram Posta Kartı

Bu sayfada boyaman için bir bayram kartpostalı var. Kartın ortasına "Bayramınız mübarek olsun" gibi güzel bayram dileklerini yazabilirsin.

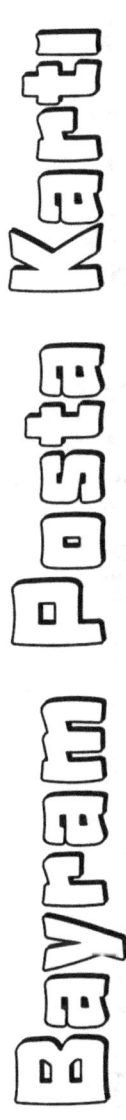

Bu bayram kartpostalı kime gidecek? Kişinin adını ve adresini yazmayı unutma.

Bayram Kartı

Bu kartın dış tarafı. Onu boya, makas ile etrafından kes ve ortadan katla.

Bu kartın iç tarafı. Buraya bayram dileklerini ve sevdiğin bir kişiye bir ithaf yaz ve bayram günü hediye olarak o kişiye ver.

Ramazan Kurabiye Tarifi

Ramazan kurabiyeleri tarifini buraya yaz, böylece her Ramazan hazırda olur.

MALZEMELER

_____
_____
_____
_____
_____
_____

HAZIRLANIŞI

_____
_____
_____
_____
_____
_____
_____
_____
_____

Sadeeq

Journals & Notebooks

Bazı vektörler ve grafikler www.freepik.com ve www.flaticon.com'un izni ile kullanılmıştır.

Sadeeq Journals & Notebooks SD International Inc. tarafından temsil edilmektedir.
SD International Inc. • 11227 162A Ave, Edmonton, Alberta, Kanada, T5X 1Z9
Soru ve görüşleriniz için sd.international.inc@gmail.com adresinden bizimle iletişime geçebilirsiniz.

www.ingramcontent.com/pod-product-compliance
Lightning Source LLC
Chambersburg PA
CBHW050339120526
44589CB00036BA/2602